중학영어 독해비급 VS 영어 작문비급

해석
영어 ⇒ 한글
쉬움

영작
한글 ⇒ 영어
어려움

현재의 중~고등학교 교육은 영어 해석 위주로 배우므로, 대다수의 학습자는 <중학영어 독해비급>을 먼저 보시는 것이 훨씬 쉽습니다.

<중학영어 독해비급>은 중학교 영어교과서 13종(39권)의 핵심 문장을 30 가지 문법별 해석법을 익히는 구문독해 책입니다. 이 책으로 중학교 2학년 수준의 모든 영어 문장을 해석할 수 있습니다.

<중학영어 독해비급>을 보지 않고도 <중학영어 작문비급>의 문장을 70% 이상 영작할 수 있다면, 이미 고등학교 1학년 수준 이상의 영어를 할 수 있는 것이므로 <중학영어 독해비급>은 보지 않으셔도 좋습니다.

궁금하신 점은 iminia@naver.com, 010-4718-1329로 연락 주세요.

중학영어 작문비급
1판 1쇄 2024년 7월 14일 ㅣ **지은이** Mike Hwang ㅣ **발행처** Miklish
전화 010-4718-1329 ㅣ **홈페이지** miklish.com
e-mail iminia@naver.com ㅣ **ISBN** 979-11-87158-68-4

1

I	like	soccer	lunch	dancing
music	writing	enjoy		

1 내가 축구를 좋아한다.

누가   한다   무엇을

2 내가 점심식사를 좋아한다.

누가   한다   무엇을

3 내가 춤추는 것을 좋아한다.

누가   한다   무엇을

4 내가 음악을 좋아한다.

누가   한다   무엇을

5 내가 쓰는 것을 즐긴다.

누가   한다   무엇을

TIP 색깔에 맞는 단어를 찾아서 넣어 보세요.
뜻을 모르는 단어는 <중학영어 독해비급> 23쪽을 참고하세요.

| learn | Taekkyeon | have | skin | say |
| goodbye | people | watch | TV | |

---

6   내가 택견을 배운다.

누가   한다   무엇을

7   내가 안녕(헤어지는 인사)을 말한다.

누가   한다   무엇을

8   내가 피부를 가진다.

9   사람들이 텔레비전을 본다.

정답은 두 쪽 뒤 하단에 있습니다.

2
_____

a	the	-s	I	like
boy	sport	love	star	sound

_____

1 내가 한 소년을 좋아한다.

누가   한다   무엇을^{2단어}
_____ _____ _____

2 내가 운동 경기들을 좋아한다.

누가   한다   무엇을
_____ _____ _____

3 내가 그 별을 좋아한다.

누가   한다   무엇을^{2단어}
_____ _____ _____

4 내가 별들을 사랑한다.

누가   한다   무엇을
_____ _____ _____

5 내가 그 소리를 사랑한다.

누가   한다   무엇을^{2단어}
_____ _____ _____

TIP 동사(한다)는 love, like, have 3개 중에서 써요.
뜻을 모르는 단어는 <중학영어 독해비급> 27쪽을 참고하세요.

| have | family | name | wing | horse |
| eye |

---

6   내가 한 가족을 가진다.

    <u> 누가 </u>   <u> 한다 </u>   <u> 무엇을^{2단어} </u>

7   내가 한 이름을 가진다.

    <u> 누가 </u>   <u> 한다 </u>   <u> 무엇을^{2단어} </u>

8   내가 날개들을 가진다.

    <u>   </u>   <u>   </u>   <u>   </u>

9   말(동물)들이 눈들을 가진다.

    <u>   </u>   <u>   </u>   <u>   </u>

1	I like Soccer.	6	I learn Taekkyen.
2	I like lunch.	7	I say goodbye.
3	I like dancing.	8	I have skin.
4	I like music.	9	People watch TV.
5	I enjoy writing		

2~3쪽 정답

3

she	has	dog	we	practice
it	my	sister	ride	skateboard
our	library	many	book	her

1 그녀가 한 개(동물)를 가진다.

누가   한다   무엇을²단어

2 우리가 그것을 연습한다.

누가   한다   무엇을

3 나의 여동생이 한 스케이트보드를 탄다.

누가²단어   한다   무엇을²단어

4 우리의 도서관이 많은 책들을 가진다.

누가²단어   한다   무엇을²단어

5 그녀의 머리가 4.5 킬로그램 무게가 나간다.

누가²단어   한다   무엇을²단어

TIP '누가'가 한 명이면 한다에 '-s'를 붙여서 영작해야 해요.
어휘 양이 많아서 7쪽 상단의 어휘가 6쪽에 들어가는 경우도 있어요.

head	weigh	kilogram	his	father
own	them	they	want	attention
answer	question	know	its	name

6 그의 아버지가 그것들을 소유한다.

_____ 누가²단어 _____ 한다 _____ 무엇을

7 그들이 나의 주목을 원한다.

_____ 누가 _____ 한다 _____ 무엇을²단어

8 우리가 너의 질문들을 대답한다.

_____ _____ _____ 2

9 그가 그것의 이름을 안다.

_____ _____ _____ 2

1	I like a boy.	6	I have a family!
2	I like sports.	7	I have a name.
3	I like the star.	8	I have wings.
4	I love stars.	9	Horses have eyes.
5	I love the sound!		

4~5쪽 정답

4

am	be	are	is	my
friend	this	student	your	English
teacher	name	Bomi	producer	brother

1 내기 한 학생인 상태이다.

누가   상태이다   어떤²단어

2 내가 너의 영어 선생님인 상태이다.

누가   상태이다   어떤³단어

3 나의 이름이 보미인 상태이다.

누가²단어   상태이다   어떤

4 네가 그 생산자인 상태이다.

누가   상태이다   어떤²단어

5 이것이 나의 남동생(/형/오빠)인 상태이다.

누가   상태이다   어떤²단어

TIP be동사(상태이다)는 am, are, is 중에 하나를 써요.

years old   different   Harbin   city   Milo
big

6   내가 14살인 상태이다.

_____ _____ _____
누가   상태이다   어떤³단어

7   우리가 다른 상태이다.

_____ _____ _____
누가   상태이다   어떤

8   하얼빈이 그 도시인 상태이다.

2
_____ _____ _____

9   마일로가 큰 상태이다.

_____ _____ _____

1 She has a dog.	6 His father owns them.
2 We practice it.	7 They want my attention.
3 My sister rides a skateboard.	8 We answer your questions.
4 Our library has many books.	9 He knows its name.
5 Her head weighs 4.5 kilograms.	

6~7쪽 정답

5

they	not	do	does	have
like	animal	math	young	it
problem	she	good	much	

1 내가 수학을 좋아하지 않는다

___누가___   ___한다²단어___   ___무엇을___

2 네가 젊은 상태가 아니다.

___누가+상태이다___   ___어떤___

3 그것이 한 문제인 상태가 아니다.

___누가+상태이다___   ___어떤²단어___

4 그녀가 좋은 상태가 아니다.

___누가___   ___상태이다²단어___   ___어떤___

5 우리가 많음을 가지지 않는다.

___누가___   ___한다²단어___   ___무엇을___

TIP 조동사와 not은 줄여서 써요. do not = don't / does not = doesn't

soccer	forget	meal	time	science
class	easy	student	make	noise

6 그녀가 축구를 좋아하지 않는다.

누가   한다²단어   무엇을

7 그가 그 식사 시간을 잊지 않는다.

누가   한다²단어   무엇을³단어

8 그 과학 수업이 쉬운 상태가 아니다.

3   2

9 한 학생이 소음을 만들지 않는다.

2   3

1 I am a student.	**6** I am 14 years old.
2 I am your English teacher.	**7** We are different.
3 My name is Bomi.	**8** Harbin is the city.
4 You are the producer.	**9** Milo is big.
5 This is my brother.	

과거 시제 독해비급 42~43쪽

6

was	were	clean	house	left
here	busy	found	painting	change
mind	wrote	travel	note	

1 내가 여기를 떠났다.

　누가　　　한다　　　무엇을

2 그가 바쁜 상태였다.

　누가　　　상태이다　　　어떤

3 그가 한 그림을 찾았다.

　누가　　　한다　　　무엇을 ^{2단어}

4 내가 나의 마음을 바꿨다.

　누가　　　한다　　　무엇을 ^{2단어}

5 내가 나의 여행 기록들을 썼다.

　누가　　　한다　　　무엇을 ^{3단어}

TIP 어렵다면 43쪽을 참고하세요.

---

nervous	made	a lot of	mistake	money
enough	sold	many	thing	

---

6 우리가 긴장한 상태였다.

누가	상태이다	어떤

7 그녀가 많은 실수들을 만들었다.

누가	한다	무엇을^{4단어}

7 그녀가 많은 실수들을 만들었다.

누가	한다	무엇을

8 그 돈이 충분한 상태가 아니었다.

2	2	

9 우리가 많은 것들을 팔았다.

	2

1	I don't like math.	6	She doesn't like soccer.
2	You're not young.	7	He doesn't forget the meal time.
3	It's not a problem.	8	The science class is not easy.
4	She is not good.	9	A student does not make noise.
5	We don't have much.		

10~11쪽 정답

7

already	sketch	travel	meter	just
take	care	eagle	really	big
four	years old	ice cream	very	

1 그것이 오직 1.5미터들을 여행한다.

　　누가　　　　부사+한다　　　　　　무엇을

2 우리가 단지 좋은 돌봄을 가져간다.

　　누가　　　　부사+한다　　　　무엇을²단어

3 독수리들이 정말로 큰 눈들을 가진다.

　　누가　　　　한다　　　　부사+무엇을³단어

4 그녀가 오직 4살인 상태였다.

　　누가　　상태이다　　　부사+어떤⁴단어

5 내가 아이스크림을 아주 많이 사랑한다.

　　누가　　한다　　　무엇을²단어　　　부사²단어

14

play	guitar	well	tourist	eat
traditional	food	also	kept	rat
away	sometimes	sing	song	

6　네가 그 기타를 아주 잘 연주한다.

누가	한다	무엇을 2단어	부사 2단어

7　여행객들이 전통 음식을 여기에서 먹는다.

누가	한다	무엇을 2단어	부사

8　그것이 또한 쥐들을 멀리 유지했다.

	2		

9　우리가 때때로 영어 노래들을 함께 노래한다.

	2	2	

8

heard	cry	from	tree	say
hello	answer	about	fish	cook
pizza	for	work	at	school

---

1   그가 한 울음을 한 나무로부터 들었다.

누가   한다   무엇을²   전치사+명사³

2   많은 사람들이 그녀에게 안녕을 말한다.

누가   한다   무엇을   전치사+명사

3   우리가 물고기들에 대한 너의 질문들을 대답한다.

누가   한다   무엇을²   전치사+명사

4   엄마가 점심식사를 위해 피자를 요리했다.

누가   한다   무엇을   전치사+명사

5   내가 그 학교의 지점에서 일한다.

누가   한다   전치사+명사³단어

TIP ~로 부터: from / ~에 대해: about / ~에 접촉해서: on / ~의: of / ~을 위해: for / ~의 지점에서: at

meal	morning	fan	Messi	of
dad	us	on	Sunday	go
farm	weekend	with		

6 그가 그 아침 안에 한 큰(/많은) 식사를 가진다.

__누가__ __한다__ __무엇을³__ __전치사+명사³__

7 내가 메시의 한 팬인 상태이다.

__누가+상태이다__ __어떤²__ __전치사+명사²__

8 아빠는 우리를 위해 일요일들에 접촉해서 그것을 요리한다.

_____ _____ _____ ___2___ ___2___

9 내가 주말들에 나의 가족과 함께 그 농장에 간다.

__ ___3___ ___2___ ___3___

1	It only travels 1.5 meters.	6	You play the guitar very well.
2	We just take good care.	7	Tourists eat traditional food here.
3	Eagles have really big eyes.	8	It also kept rats away.
4	She was only four years old.	9	We sometimes sing English songs together.
5	I love ice cream very much.		

14~15쪽 정답

9

enjoy	trip	plant	carrot	seed
copy	sketch	play	cricket	now
ride	bike	park		

1 내가 나의 한국으로의 여행을 즐기는 중인 상태이다.

누가+상태이다   어떤   무엇을²   전치사+명사²

2 내가 당근 씨앗들을 심는 중인 상태이다.

누가+상태이다   어떤   무엇을²

3 그가 그 스케치를 복사하는 중인 상태이다.

누가   상태이다   어떤   무엇을²

4 우리가 지금 크리켓을 경기하는 중인 상태이다.

누가   상태이다   어떤

무엇을   부사

5 그녀가 그 공원 안에서 한 자전거를 타는 중인 상태이다.

누가   상태이다   어떤

무엇을²   전치사+명사³

man	carry	chair	stand	line
in line	head	house	king	walk
garden				

6 한 남자가 한 의자를 나르는 중인 상태이다.

_____누가^2_____ 상태이다 _____어떤_____ _____무엇을^2_____

7 사람들이 줄서서 서있는 중인 상태이다.

_____누가_____ 상태이다 _____어떤_____ _____전치사+명사^2_____

8 우리가 그녀의 집을 위해 향해 가는 중인 상태이다.

_____ _____|_____ _____3_____

9 그 왕이 그 정원 안에서 걷는 중인 상태였다.

_____2_____ _____ _____3_____

1 He heard a cry from a tree.	**6** He has a big meal in the morning.
2 Many people say hello to her.	**7** I'm a fan of Messi.
3 We answer your questions about fish.	**8** Dad cooks it for us on Sundays.
4 Mom cooked pizza for lunch.	**9** I go to the farm on weekends with my family.
5 I work at the school.	**16~17쪽 정답**

10

| The Beatles | this | made | create | Picasso |
| cheese | eaten | mouse | surround | many |

1 비틀즈가 사랑받아진 상태였다.

누가²   상태이다   어떤

2 이것이 그에 의해 만들어진 상태였다.

누가   상태이다   어떤   전치사+명사

3 그것이 피카소에 의해 창조되어진 상태였다.

누가   상태이다   어떤   전치사+명사

4 그 치즈가 한 쥐에 의해 먹혀진 상태였다.

누가   상태이다   어떤   전치사+명사³

5 그녀가 많은 사람들에 의해 둘러싸여진 상태였다.

누가   상태이다   어떤   전치사+명사³

wrap	at all	Namaste	use	Indian
number	determine	player	waste	turn
into	turn into	food		

6   그들이 전혀 포장된 상태가 아니었다.

　누가　　상태이다²　　어떤　　전치사+명사²

7   나마스테가 인도의 사람들에 의해 사용된 상태이다.

　누가　　상태이다　어떤　　전치사+명사³

8   그 숫자들이 그 경기자들에 의해 결정된 상태였다.

　　　2　　　　　　　　　　3

9   그 쓰레기가 음식으로 바뀌어진 상태이다.

　　　2　　　　　　　　2

1 I'm enjoying my trip to Korea.	**6** A man is carrying a chair.
2 I'm planting carrot seeds.	**7** People are standing in line.
3 He is copying the sketch.	**8** We are heading for her house.
4 We are playing cricket now.	**9** The king was walking in the garden.
5 She is riding a bike in the park.	

18~19쪽 정답

11

enjoy	jump	vegetable	bake	cookie
with	pet	great	play	basketball
together	robot	easy	take	selfie

1 그녀가 펄쩍 뛰는 것을 즐겼다.

<u>　누가　</u> <u>　한다　</u> <u>　무엇을　</u>

2 내가 채소들을 먹는 것을 즐긴다.

<u>　누가　</u> <u>　한다　</u> <u>　무엇을²　</u>

3 내가 **그와 함께** 쿠키들을 굽는 것을 즐긴다.

<u>누가</u> <u>한다</u> <u>　무엇을²　</u> <u>전치사+명사</u>

4 한 애완동물을 가지는 것이 멋진 상태이다.

<u>　누가³　</u> <u>상태이다</u> <u>어떤</u>

5 우리가 농구를 경기하는 것을 함께 즐긴다.

<u>누가</u> <u>한다</u> <u>무엇을²단어</u> <u>부사</u>

TIP 동사에 ing를 붙이면 '~하는 것을'을 뜻해요.

---

take selfies part	daily	life	start
put	some	small	stone	wear
cap	just	for	baseball	player

---

6 한 로봇를 만드는 것이 쉬운 상태가 아니다.

누가³   상태이다²   어떤

7 셀카들을 찍는 것이 일상의 삶의 부분인 상태이다.

누가²   상태이다   어떤   전치사+명사³

8 그녀가 약간의 작은 돌들을 놓는 것을 시작했다.

_____ _____ _____ _____4_____

9 한 모자를 입는 것이 단지 야구 경기자들을 위한 상태가 아니다.

_____3_____ _____2_____
_____4_____

1	The Beatles were loved.	6	They were not wrapped at all.
2	This was made by him.	7	Namaste is used by Indian people.
3	It was created by Picasso.		
4	The cheese was eaten by a mouse.	8	The numbers were determined by the players.
5	She was surrounded by many people.	9	The waste is turned into food.

20~21쪽 정답

12

| will | make | Tteokbokki | great | play |
| together | find | wife | for | visit |

1 그녀가 떡볶이를 만들 것이다.

　　누가　　　　　한다²　　　　　무엇을

2 우리의 떡볶이가 대단한 상태일 것이다.

　　누가　　　　　상태이다²　　　　어떤

3 우리가 **함께** 그것을 놀 것이다.

　　누가　　　한다²　　　무엇을　　　부사

4 우리가 **너를 위해** 한 아내를 찾을 것이다.

　　누가　　　한다　　　무엇을²　　전치사+명사

5 내가 그 시장을 다시 방문할 것이다.

　　누가　　　한다²　　　　무엇을²　　　부사

market	again	project	easy	buy
thing	low	price	learn	about
bright	star	seen	night	at night

6   이 과제가 쉬운 상태일 것이다.

    누가²   상태이다²   어떤

7   우리가 물건들을 낮은 가격들로 살 수 있다.

   누가   한다²   무엇을   전치사+명사³

8   네가 한국에 대해 배울 수 있다.

          2   2

9   밤에 밝은 별들이 보여지는 상태일 수 있다.

     2   2   2

1 She enjoyed jumping.	**6** Making a robot is not easy.
2 I enjoy eating vegetables.	**7** Taking selfies is part of daily life.
3 I enjoy baking cookies with him.	**8** She started putting some small stones.
4 Having a pet is great.	**9** Wearing a cap is not just for baseball players.
5 We enjoy playing basketball together.	

22~23쪽 정답

현재완료 독해비급 74~75쪽

13

visit	quietly	selfie	museum	written
shopping	list	room	with	people
built	wooden	house	father	been

---

1 내가 한 셀카 박물관을 과거에 방문해서 현재 방문한 상태다.

누가   한다²   무엇을³

---

2 내가 구입 목록들을 과거에 써서 현재 쓴 상태다.

누가   한다²   무엇을²

---

3 내가 **그녀와 함께** 한 방을 과거에 공유해서 현재 공유한 상태다.

누가   한다²   무엇을²   전치사+명사

---

4 사람들이 나무로 된 집들을 과거에 지어서 현재 지은 상태다.

누가   한다²   무엇을³

---

5 나의 아버지가 과거에 보이지 않는 상태여서 현재 보이지 않는 상태이다.

누가²   상태이다²   어떤

26

TIP '과거에 ~해서 현재 ~한 상태다'는 'have +과거분사'를 써서 나타내요.

invisible	finish	tree	never	seen
blue	sky	best	friend	pig
his	of	brick		

6. 그들이 한 나무를 만드는 것을 과거에 끝내서 현재 끝낸 상태이다.

누가   한다²   무엇을³

7. 내가 한 푸른 하늘을 과거에 절대로 못 봐서 현재 못 본 상태이다.

누가   한다³   무엇을³

8. 그들이 과거에 최고의 친구들인 상태여서 현재 최고의 친구들인 상태이다.

      2   2

9. 그 돼지는 그의 벽돌들의 집을 과거에 지어서 현재 지은 상태이다.

      2   2   4

1	She will make Tteokbokki.	6	This project will be easy.
2	Our Tteokbokki will be great.	7	We can buy things at low prices.
3	We will play it together.		
4	We will find a wife for you.	8	You can learn about Korea.
5	I will visit the market again.	9	Bright stars can be seen at night.

24~25쪽 정답

중학영어 작문비급 27

14

class	had	project	ice	the Arctic
melt	one	festival	small	change
bring	bring about		favorite	at

1 그 학생들이 그의 반 안에서 한 과제를 가졌다.

누가² · 전치사+명사³ · 한다 · 무엇을²

2 그 얼음이 그 북극 안에서 녹는다.

누가² · 전치사+명사³ · 한다

3 그들(중)의 하나가 그 축제인 상태이다.

누가 · 전치사+명사 · 상태이다 · 어떤²

4 온도 안에서 작은 변화들이 문제들을 유발할 것이다.

누가² · 전치사+명사²
한다+부사² · 무엇을²

5 학교에서 나의 가장 좋아하는 시간은 점심 식사 시간인 상태이다.

누가³ · 전치사+명사² 상태이다 · 어떤²

honey	ancient	Egypt	eaten	today
man	foreign	country	Africa	person
like	called	leader	rise	degree

6 고대 이집트로부터 꿀이 오늘날 먹혀진 상태일 수 있다.

____누가____ ____전치사+명사³____ ____상태이다²____

____어떤____ ____부사____

7 한 외국의 나라로부터 한 남자가 아프리카 안에서 살았다.

____누가²____ ____전치사+명사⁴____

____한다____ ____전치사+명사²____

8 나같은 한 사람이 한 이끄는 사람으로 불려진 상태일 수 있다.

____2____ ____2____ ____2____ ____2____

9 지구의 그 온도가 한 짧은 시간 안에 육 도만큼 오를 것이다.

____2____ ____3____ ____2____

____2____ ____4____

1	I have visited a selfie museum.	
2	I have written shopping lists.	
3	I have shared a room with her.	
4	People have built wooden houses.	
5	My father has been invisible.	

6	They have finished making a tree.
7	I have never seen a blue sky.
8	They have been best friends.
9	The pig has built his house of bricks.

26~27쪽 정답

15

short	look	sad	sound	taste
feel	smell	seem	sorry	happy
became	angel	woman	great	park

1 그가 슬프게 보였다.

　　누가　　　한다　　　어떻게

2 저것이 멋지게 소리난다.

　　누가　　　한다　　　어떻게

3 그 공원이 끔찍하게 보였다.

　　　누가²　　　　한다　　　어떻게

4 그들이 편안하게 보인다.

　　누가　　　한다　　　어떻게

5 나의 사진(/그림)들이 좋게 보인다.

　　　누가²　　　　한다　　　어떻게

---

terrible	relaxed	picture	good	famous
soon	after	soon after	chocolate	topping
sweet	baozi	basket	always	delicious

---

6   그 그림이 유명하게 됐다.

<u>　　　누가²　　</u>　<u>　한다　</u>　<u>　어떻게　</u>

7   네가 바로 뒤에 행복하게 느낄 것이다.

<u>　누가　</u>　<u>　한다²　</u>　<u>　어떻게　</u>　<u>　부사²　</u>

8   초콜릿 토핑들이 달콤하게 맛이 난다.

<u>　　　　　2　　　　　</u>　<u>　　　　</u>　<u>　　　　　</u>

9   중국식 만두가 바구니들 안에서 항상 맛있게 보인다.

<u>　　　</u>　<u>　2　　</u>　<u>　2　　</u>　<u>　　　</u>

1	The students in his class had a project.	6	Honey from ancient Egypt can be eaten today.
2	The ice in the Arctic melts.	7	A man from a foreign country lived in Africa.
3	One of them is the Festival.	8	A person like me can be called a leader.
4	Small changes in temperature will bring about problems.	9	The temperature of the Earth will rise six degrees in a short time.
5	My favorite time at school is lunch time.		

16

give   them   dollar   many   master
capoeira   brother   pencil case also   show
question

1   그녀의 아버지가 **그에게** 40 달러들을 줬다.

누가²   한다   누구에게   무엇을²
_____   _____   _____   _____

2   많은 스승들이 **사람들에게** 카포에이라를 가르친다.

누가²   한다   누구에게   무엇을
_____   _____   _____   _____

3   내가 **나의 동생에게** 이 필통을 줄 것이다.

누가   한다²   누구에게²   무엇을³
_____   _____   _____   _____

4   네가 또한 **나에게** 약간의 그림들을 보여줄 수 있다.

누가   한다³   누구에게   무엇을²
_____   _____   _____   _____

5   우리가 너에게 약간의 질문들을 줄 것이다.

누가   한다²   누구에게   무엇을²
_____   _____   _____   _____

New York	real	city	life	these
idea	family	phone	something	about
their	talent			

---

6 뉴욕이 너에게 그 진짜인 도시의 삶을 보여줄 것이다.

누가² 　　　　　　　　　　 한다²

누구에게 　　　　　　무엇을⁴

7 이 생각들이 우리에게 한 교훈을 가르칠 수 있다.

누가² 　　　　　　　　　　 한다²

누구에게 　　　　무엇을²

8 그녀가 그녀의 가족에게 그 사진을 그녀의 휴대폰으로 보냈다.

　　　　　　　　　　　　　　2

　　　2　　　　　　　3

9 그 학생들이 그 반에게 그들의 재능들에 대해 무언가를 보여줬다.

　　　　　　　2　　　　　　　　　　　　　　　　2

　　　　　　　　　3

17

make	excited	their	smile	made
square	room	better	roof	keep
house	warm	bleach	clear	cleaned

1 그것이 그들을 **흥분되게** 만든다.

누가 ____ 한다 ____ 무엇이 ____ 어떻게 ____

2 그들의 미소들이 그를 **행복하게** 만들었다.

누가² ____ 한다 ____ 무엇이 ____ 어떻게 ____

3 정사각형이 그 방을 **더 좋게** 만든다.

누가 ____ 한다 ____ 무엇이² ____ 어떻게 ____

4 그 지붕이 그 집을 **따뜻하게** 유지한다.

누가² ____ 한다 ____ 무엇이² ____ 어떻게 ____

5 세제가 그 물을 **맑게** 유지한다.

누가 ____ 한다 ____ 무엇이² ____ 어떻게 ____

TIP '어떻게'에는 주로 형용사(흥분된, 행복한, 더 좋은, 따뜻한)가 들어가요. 명사 (상징)도 들어갈 수 있어요.

by	robot	bed	designed	expert
thought	popcorn	symbol	of	good
health	play	game	can	awake

6   내가 한 로봇에 의해 나의 집을 깨끗해지게 가진다.

누가   한다   무엇이²

    어떻게   전치사+명사³

7   내가 전문가들에 의해 나의 침대를 고안되게 가졌다.

누가   한다   무엇이²   어떻게 · 전치사+명사²

8   그들이 팝콘을 좋은 건강의 한 상징이라고 생각했다.

        2   3

9   게임들로 노는 것이 너를 깨어있게 유지할 수 있다.

      2   2

1	Her father gave him 40 dollars.	6	New York will show you the real city life.
2	Many masters teach people capoeira.	7	These ideas can teach us a lesson.
3	I will give my brother this pencil case.	8	She sent her family the picture with her phone.
4	You can also show me some pictures.	9	The students showed the class something about their talents.
5	We will give you some questions.		

32~33쪽 정답

18

eye	tired	drive	cat	cross
street	see	official	wave	flag
river	ice	crack		

1 그것이 너의 눈들이 느끼는 것을 지치게 만든다.

누가   한다   무엇이²   어떻게   어떻게

2 그 전화가 그가 그녀의 집으로 운전하게 만들었다.

누가²   한다   무엇이   어떻게   전치사+명사³

3 내가 한 고양이가 그 거리를 건너는 것을 본다.

누가   한다   무엇이²   어떻게   무엇을²

4 그가 그 공무원이 흔드는 것을 한 깃발을 본다.

누가   한다   무엇이²   어떻게   무엇을²

5 내가 그 얼음이 깨지는 것을 봤다.

누가   한다   무엇이²   어떻게

TIP 사역동사는 have, let, make를 일컫고, 지각동사는 look, feel, sound, seem, smell, taste를 일컫습니다.

---

let	change	group	comfortable	
musician	play	music	monster	cheer
loudly				

---

6 그가 내가 나의 집단을 바꾸는 것을 허락했다.

_누가_ ___ _한다_ ___ _무엇이_ ___ _어떻게_ ___ _무엇을²_

7 그것이 너의 눈들이 편안하게 느끼는 것을 만들 것이다.

_누가_ ___ _한다²_ ___ _무엇이²_ ___ _어떻게_ ___ _어떻게_

8 네가 음악가들이 음악을 연주하는 것을 들을 수 있다.

____ _____2_____ _____ _____ _____

9 네가 그 괴물들이 크게 환호하는 것을 들을 것이다.

____ _____2_____ _____ _____2_____ _____

19

gather	question	explain	use	method
expert	analyze	data	felt	find
beauty	order	positive

1 질문들을 무으면서,
우리가 그(것)들을 설명했다.

<u>　　　 어떻게 　　　</u> <u>　　 무엇을 　　</u> ,

<u>　 누가 　</u> <u>　 한다 　</u> <u>　 무엇을 　</u>

2 방법들을 사용하면서,
전문가들이 큰 자료들을 분석한다.

<u>　　 어떻게 　　</u> <u>　　 무엇을 　　</u> ,

<u>　 누가 　</u> <u>　 한다 　</u> <u>　 무엇을² 　</u>

3 이것을 들으면서,
내가 미안하게 느꼈다.

<u>　　 어떻게 　　</u> <u>　 무엇을 　</u> ,

<u>누가</u> <u>한다</u> <u>어떻게</u>

4 그(것)들을 보면서,
네가 그 정리의 아름다움을 찾는다.

<u>　 어떻게 　</u> <u>전치사+명사</u> ,

<u>누가</u> <u>한다</u> <u>무엇을²</u> <u>전치사+명사</u>

5 긍정적인 평가들을 보면서,
내가 한 자전거 헬멧을 빌렸다.

<u>　　 어떻게 　　</u> <u>　 무엇을² 　</u> ,

<u>누가</u> <u>한다</u> <u>무엇을³</u>

review	borrow	bike	helmet	work
other	group	distribute	wheelchair	woman
walk	down	road	look for	item
into	look into	article	think	motive

6 다른 집단들과 함께 일하면서,
   우리가 휠체어들을 나눠줬다.

   <u>　　어떻게　　</u>　　<u>　전치사+명사³　</u>,

   <u>　누가　</u>　<u>　한다　</u>　<u>　무엇을　</u>

7 그것이 한 행복한 여자처럼 보인다 한 길을 아래로 걸으면서.

   <u>　누가　</u>　<u>　한다　</u>　<u>　무엇을⁴　</u>

   <u>　　어떻게　　</u>　　<u>　전치사+명사³　</u>

8 우리는 그 학교 주변을 움직였다,
   그 물건들을 찾으면서.

   <u>　　　　</u>　<u>　　　　</u>　<u>　　　3　　</u>,

   <u>　　　　</u>　<u>　　3　　</u>

9 우리가 약간의 기사들을 조사한다,
   그 동기들에 대해 생각하면서.

   <u>　　　　</u>　<u>　　　　</u>　<u>　　　3　　</u>,

   <u>　　　　</u>　<u>　　3　　</u>

1 It makes your eyes feel tired.	6 He let me change my group.
2 The call made him drive to her house.	7 It will make your eyes feel comfortable.
3 I see a cat crossing the street.	8 You can hear musicians playing music.
4 He sees the official waving a flag.	9 You will hear the monsters cheer loudly.
5 I saw the ice cracking.	**36~37쪽 정답**

20

love	want	help	our	parent
sing	cookie	picture	report	trash
drink	compote	every	day	every day

---

1 그가 누래하는 것을 사랑했다.

<u>　누가　</u>　<u>　한다　</u>　<u>　무엇을²　</u>

2 내가 **쿠키들을** 먹는 것을 좋아한다.

<u>　누가　</u>　<u>　한다　</u>　<u>　무엇을²　</u>　<u>　무엇을　</u>

3 그녀가 **그림(/사진)들을** 가져가는 것을 좋아한다.

<u>　누가　</u>　<u>　한다　</u>　<u>　무엇을²　</u>　<u>　무엇을　</u>

4 내가 **쓰레기에 대해서** 보도하는 것을 원한다.

<u>　누가　</u>　<u>　한다　</u>　<u>　무엇을²　</u>　<u>　전치사+명사³　</u>

5 내가 **컴포트를 매일** 마시는 것을 원한다!

<u>　누가　</u>　<u>　한다　</u>　<u>무엇을²</u>　<u>　무엇을　</u>　<u>　부사²　</u>

TIP '~하는 것을'을 표현하기 위해 '무엇을'에 'to+동사'를 써요.

learn	some	magic	trick	Korean
with	us	student	decide	draw
band	don't	need	count	coin

6 내가 약간의 마술 속임수들을 배우는 것을 원한다.

누가 ___ 한다 ___ 무엇을² ___ 무엇을³

7 한국 사람들이 우리와 함께 한 사진을 찍는 것을 원했다.

누가² ___ 한다 ___ 무엇을²

무엇을² ___ 전치사+명사

8 그 학생들이 그 학교 음악 밴드를 그리는 것을 결정했다.

2 ___ 2 ___ 3

9 내가 그 동전들을 세는 것을 필요하지 않는다.

2 ___ 2 ___ 2

1	Gathering questions, we explained them.	**6**	Working with other groups, we distributed wheelchairs.
2	Using methods, experts analyze big data.	**7**	It looks like a happy woman walking down a road.
3	Hearing this, I felt sorry.	**8**	We moved around the school, looking for the items.
4	Looking at them, you find the beauty of order.	**9**	We look into some articles, thinking about the motives.
5	Seeing positive reviews, I borrowed a bike helmet.		**38~39쪽 정답**

21

ask	job	doctor	help	us
hammer	nail	into	fence	3D
printed	product	rich	businessman	
pick	painting			

1 그녀는 그가 그 직업을 하도록 요청했다.

누가   한다   무엇이   어떻게²   무엇을²

2 우리는 그 의사가 우리를 돕도록 요청했다.

누가   한다   무엇이²   어떻게²   무엇을

3 그는 그가 한 못을 그 담장 안쪽으로 망치질하는 것을 요청했다.

누가   한다   무엇이   어떻게²

무엇을²   전치사+명사³

4 그는 사람들이 입체로 인쇄된 상품들을 사용하는 것을 원한다.

누가   한다   무엇이   어떻게²   무엇을³

5 한 부자인 사업가는 내가 너의 그림을 고르도록 요청했다.

누가³   한다   무엇이

어떻게²   무엇을²

TIP to부정사 앞에 '명사(무엇을)'를 써서 '무엇이' to부정사를 하는지 나타낼 수 있어요.

---

other	team	player	join	director
actor	do	same	scene	king
order	famous	military	Japanese	official
press	build			

---

6 다른 팀들은 그 경기자들이 그들과 함께하도록 요청했다.

누가²　　　　한다　　　무엇이²
_____

어떻게²　　　　무엇을
_____

7 그 감독은 그 연기자들이 그 같은 장면을 하도록 요청했다.

누가²　　　　한다　　　무엇이²
_____

어떻게²　　　　무엇을³
_____

8 그 왕은 그가 한 유명한 군사 학교에 가도록 주문했다.

2　　　　　　　　　　　　2
_____

5
_____

9 일본의 공무원들은 그가 일본의 집들을 짓도록 압박했다.

2
_____

2　　　　　　　　　　2
_____

1	He loved to sing.	6	I want to learn some magic tricks.
2	I like to eat cookies.	7	Korean people wanted to take a picture with us.
3	She likes to take pictures.	8	The students decided to draw the school band.
4	I want to report on the trash.	9	I don't need to count the coins.
5	I want to drink compote every day!		

40~41쪽 정답

22

hat	fancy	went	college	law
will	read	top	three	show
thank	more	effort	overcome	weakness

1   우리가 화려하게 보이기 위해 모지들을 원한다.

누가   한다   무엇을   부사   어떻게

2   그가 법을 공부하기 위해 대학교에 갔다.

누가   한다   전치사+명사   부사^2 무엇을

3   내가 나의 고마움들을 보여주기 위해 그 꼭대기의 3개를 읽을 것이다.

누가   한다^2 무엇을^3

부사^2 무엇을^2

4   내가 나의 약점을 극복하기 위해 더 많은 노력을 놓을 것이다.

누가   한다^2 무엇을^2

부사^2 무엇을^2

5   내가 한 과학자인 상태이기 위해 공부할 것이다.

누가   한다^2 부사^2 어떤^2

scientist	have to	produce	milk	win
prize	should	check	stomach	stick
lake				

6 그들이 한 상을 얻어내기 위해 많은 우유를 생산해야 한다.

누가   한다³   무엇을⁴

부사²   무엇을²

7 내가 나의 배를 확인하기 위해 한 의사를 봐야 한다.

누가   한다²   무엇을²

부사²   무엇을²

8 네가 그것을 멈추기 위해 "멈춰, 막대기!"를 말해야 한다.

     2   2   2

9 그녀가 호수들을 봐서 행복한 상태였다.

     2   2

1 She asked him to do the job.	**6** Other teams asked the players to join them.
2 We asked the doctor to help us.	**7** The director asked the actors to do the same scene.
3 He asked him to hammer a nail into the fence.	**8** The king ordered him to go to a famous military school.
4 He wants people to use 3D printed products.	**9** Japanese officials pressed him to build Japanese houses.
5 A rich businessman asked me to pick your painting.	

42~43쪽 정답

23

a lot	write	sea	come	close
cut	away	place	view	rap
post	brought			

1   내가 **많이** 읽는다 그리고 이야기들을 **쓴다**.

누가   한다   부사²   and   한다   무엇을

2   바다 동물들이 가까이 온다 그리고 음식이 **된다**.

누가²   한다   부사   and   한다   어떤

3   그들이 나무들을 **아래로** 자른다 그리고 그것들을 멀리 옮긴다(/움직인다).

누가   한다   부사   무엇을
and   한다   무엇을   부사

4   많은 사람들이 이 장소를 방문한다 그리고 그 광경을 즐긴다.

누가²   한다   무엇을²
and   한다   무엇을²

5   우리가 랩 노래들을 **쓴다** 그리고 그것들을 게시한다.

누가   한다   무엇을²
and   한다   무엇을

TIP and 다음에 어떤 단어가 오는지 보고, 비슷한 뜻의 단어(이 단원에서는 주로 동사)를 앞에서 찾아봐요.

---

old	should	adventurous		princess
got	get on	boat	set off	Gaya
roll	into	thrown	onto	truck

---

6 그가 여기로부터 한 오래된 나무를 가져왔다 그리고 그것을 우리의 정원 안에 심었다.

  누가 ____ 한다 ____ 무엇을³ ____ 전치사+명사
  and ____ 한다 ____ 무엇을 ____ 전치사+명사³

7 네가 모험적인 상태여야 한다 그리고 좋은 건강 안인 상태여야 한다.

  누가 ____ 상태이다 ____ 어떤
  and ____ 상태이다 ____ 전치사+명사³

8 그 공주는 그들과 함께 한 보트에 탔다 그리고 가야를 위해(/향해) 출발했다.

  2 ____ 3
  2 ____ and ____ 2 ____ 2

9 그녀가 한 공 안으로 굴려진 상태였다 그리고 한 트럭에 접촉하도록 던져진 (상태였다).

  3
  and ____ 3

1	We want hats to look fancy.	6	They have to produce a lot of milk to win a prize.
2	He went to college to study law.	7	I should see a doctor to check my stomach.
3	I will read the top three to show my thanks.	8	You should say "Stop, stick!" to stop it.
4	I will put more effort to overcome my weakness.	9	She was happy to look at lakes.
5	I will study to be a scientist.		

중학영어 작문비급 47

24

when	although	because	while	win
race	recycle	protect	nature	snowflake
bright	teenager	difference	world	home

1 (~할 때) 네가 이 경주를 이길 때, 네가 한 새로운 삶을 시작할 수 있다.

접속사	누가	한다	무엇을[2]

누가	한다[2]	무엇을[3]

2 (~할 때) 우리가 재활용할 때, 우리가 자연을 보호할 수 있다.

접속사	누가	한다

누가	한다[2]	무엇을

3 (~할 때) 그가 그 눈송이를 봤을 때, 그의 얼굴이 밝게 됐다.

접속사	누가	한다	무엇을[2]

누가[2]	한다	어떻게

4 (~하지만) 그들이 십대들인 상태지만, 그들이 그 세계 안에서 한 다름을 과거에 만들어서 현재 만든 상태다.

접속사	누가	상태이다	어떤

누가	한다[2]	무엇을[2]	전치사+명사[3]

5 (~하지만) 그 아이들이 말들을 타는 중인 상태가 아니지만, 그것은 그들처럼 보였다.

접속사	누가[2]	상태이다[2]	어떤	무엇을

누가	한다	전치사+명사[2]

walk	woman	scooter	took	some
of	middle	middle school		act
play	can	float	light	

6 (~하는 동안) 내가 집으로 걷는 중인 상태였던 동안,
내가 한 오토바이에 접촉한 한 여자를 봤다.

<u>　접속사　</u> <u>누가</u> <u>상태이다</u> <u>　어떤　</u> <u>　부사　</u>,
<u>　누가　</u> <u>한다</u> <u>　무엇을²　</u> <u>전치사+명사³</u>

7 (~하는 동안) 내가 그 개와 함께 노는 중인 상태였던 동안,
나의 아버지는 우리의 약간의 사진들을 찍었다.

<u>　접속사　</u> <u>누가</u> <u>상태이다</u> <u>　어떤　</u> <u>전치사+명사³</u>,
<u>　누가²　</u> <u>한다</u> <u>　무엇을²　</u> <u>전치사+명사</u>

8 (~할 때) 그가 중학교 안인 상태였을 때,
그가 한 연극 안에서 연기했다.

<u>　</u> <u>　</u> <u>　</u> <u>　　　　　　3　　　　　　</u>,
<u>　</u> <u>　</u> <u>　　　3　　　</u>

9 깡통들이 뜰 것이다 (~하기 때문에)
그들이 가벼운 상태이기 때문에.

<u>　</u> <u>　2　</u> <u>　</u> <u>　</u> <u>　</u> <u>　</u>

1	I read a lot and write stories.	
2	Sea animals come close and become food.	
3	They cut down trees and move them away.	
4	Many people visit this place and enjoy the view.	
5	We write rap songs and post them.	
6	He brought an old tree from here and planted it in our garden.	
7	You should be adventurous and be in good health.	
8	The princess got on a boat with them and set off for Gaya.	
9	She was rolled into a ball and thrown onto a truck.	

46~47쪽 정답

25

exercise	become	healthy	healthier	dream
future	rest	hold	nose	tight
flavor	well	fall	asleep	easily

1 (~하면) 네가 매일 운동하면,
네가 더 건강하게 될 것이다.

    접속사   누가   한다   부사²

      누가   한다   어떻게

2 (~하면) 네가 크게 꿈꾸는 것을 유지하면,
너의 미래가 밝은 상태가 될 것이다.

    접속사   누가   한다   무엇이   어떻게

      누가²   상태²   어떤

3 그가 더 낮게 생길 것이다,
(~하면) 그가 충분한 휴식을(/휴식이) 생긴다면.

      누가   한다²   어떻게

  접속사   누가   한다   무엇을²

4 (~하면) 네가 너의 코를 꽉 끼게 잡고 있다면,
네가 그 풍미를 잘 맛볼 수 없다.

    접속사 누가   한다   무엇이²   어떻게

     누가   한다²   무엇을²   부사

5 (~하면) 네가 쉽게 잠들게 떨어질 수 없다면,
지루하게 하는 중인 어떤 것을 해라.

    접속사   누가   한다²   어떻게

     부사   ,   한다   무엇을²

TIP 콤마(,)가 2개의 문장으로 나누므로, 각 문장 안에서 영작해 보세요.

boring	fly	son	pueblo	climb
up	ladder	enter	easier	robot

6 (~하면) 내가 한 새인 상태라면, 내가 날 것이다.

접속사 누가 상태이다 어떤² , 누가 한다²

7 (~하면) 네가 나의 아들인 상태라면,
내가 너를 가르칠 것이다.

접속사 누가 상태이다 어떤² ,
누가 한다² 무엇을

8 (~하면) 내가 한 인디언 마을에 산다면, 내가 나의 집에 들어가기 위해 한 사다리를 위로 오를 것이다.

_____ _____ _____³_____ , ___
___² ___ ___² ___² ___²

9 요리하는 것은 더 쉬운 상태일 것이다 (~하면)
네가 한 로봇을 가진다면.

_____ _____²_____
_____ _____ _____²

1	When you win this race, you can start a new life.		horses, it looks like them.
2	When we recycle, we can protect nature.	6	While I was walking home, I saw a woman on a scooter.
3	When he saw the snowflake, his face became bright.	7	While I was playing with the dog, my father took some pictures of us.
4	Although they are teenagers, they have made a difference in the world.	8	When he was in middle school, he acted in a play.
5	Though the boys are not riding	9	Cans will float because they are light.

48~49쪽 정답

26

ate	too	much	yesterday	people
were	dance	can	spread	happiness
believe	a lot	many	said	impossible

1 내가 (~한다고) 생각한다
내가 어제 너무 많이 먹었다고.

누가	한다	무엇을		
누가	한다	부사	부사	부사

2 나의 친구들이 (~한다고) 생각했다
그 사람들이 춤추는 중인 상태였다고.

누가²	한다	무엇을
누가²	상태이다	어떤

3 내가 (~한다고) 생각한다
내가 행복을 퍼뜨릴 수 있다고.

누가	한다	무엇을
누가	한다²	무엇을

4 내가 (~한다고) 믿는다
그들이 한국을 많이 사랑한다고.

누가	한다	무엇을	
누가	한다	무엇을	부사

5 많은 사람들이 (~한다고) 말했다
그것이 불가능한 상태였다고.

누가²	한다	무엇을
누가	상태이다	어떤

TIP (~한다고)를 '무엇을' 자리에 that으로 씁니다.

found	genuine	satisfaction	didn't	would
gimchi	if	bird	special	wrong
Korean	fish	good	guard	

6 그가 (~한다고) 말했다
   그녀가 진짜 만족을 찾았다고.

   ─────────── ─────── ───────
     누가   한다   무엇을

   ───── ───── ─────────────
    누가   한다   무엇을²

7 내가 생각하지 않았다
   그녀가 김치를 좋아할 것이라고.

   ───── ───── ────── ────── ──────
    누가   한다²   누가   한다²   무엇을

8 (~하면) 네가 이 새가 특별한 상태라고 생각하면,
   네가 틀린 상태이다.

   ────── ────── ────── ──────── ──────
                              2

   ──────────,────── ────── ──────

9 한국 사람들이 (~한다고)과거에 생각해서 현재 생각한 상
   태다/ 물고기들이 좋은 경비들인 상태라고.

   ────── ────── ────── ──────
                    2

   ────── ────── ────── ──────
                              2

so~ that~ 구문 독해비급 138~139쪽

27

so	popular	so~ that~	so that	could
worried	can't	delicious	all	scene
beautiful	never	forget	practice	guitar
play	song	bag	comfortably	

1 내가 아주 걱정된 상태여서
내가 밤에 잘 수 없게 된다.
누가+상태이다 ___ 부사 ___ 어떤
부사(that) ___ 누가 ___ 한다² ___ 전치사+명사

2 그것이 아주 맛있는 상태여서
우리 모두가 그것을 즐기게 됐다.
누가 ___ 상태이다 ___ 부사 ___ 어떤
부사(that) ___ 누가² ___ 한다 ___ 무엇을

3 그 장면이 아주 아름다운 상태여서
네가 그것을 절대 잊지 못하게 될 것이다.
누가² ___ 상태이다 ___ 부사 ___ 어떤
부사(that) ___ 누가 ___ 한다³ ___ 무엇을

4 내가 그 기타를 연습할 것이다
내가 약간의 인기있는 노래들을 연주할 수 있기 위해.
누가 ___ 한다² ___ 무엇을² ___ 부사²
누가 ___ 한다² ___ 무엇을³

5 그녀가 나의 학교 가방을 가져갔다
내가 더 편하게 걸을 수 있기 위해.
누가 ___ 한다 ___ 무엇을³ ___ 부사²
누가 ___ 한다² ___ 부사²

TIP '아주 ~여서 ~하게 된다' 는 so+형용사 that~ 으로 쓰고,
'~하기 위해'는 so that을 붙여서 써요.

---

excited	forgot	warning	shoe	
uncomfortable		well	flower	open
lots of	sunlight	soup	get	

---

6 그가 아주 흥분한 상태여서
그는 그의 아버지의 경고를 잊게 됐다.

누가	상태이다	부사	어떤
부사(that)	누가	한다	무엇을[3]

7 그 신발들은 아주 불편한 상태여서
그녀가 잘 걸을 수 없게 됐다.

누가[2]	상태이다	부사	어떤
부사(that)	누가	한다[2]	부사

8 이 꽃은 핀다(/열린다) (~하기 위해)
그것이 많은 햇빛이 생길 수 있기 위해.

	2		2
	2	3	

9 나의 아버지가 나에게 닭 수프를 만들었다
(~하기 위해) 내가 좋게 생길(될) 수 있기 위해.

	2		2
	2	2	

---

1 I think that I ate too much yesterday.	**6** He said that she found genuine satisfaction.
2 My friends thought that the people were dancing.	**7** I didn't think she would like gimchi.
3 I think that I can spread happiness.	**8** If you think this bird is special, you are wrong.
4 I believe that they love Korea a lot.	**9** Koreans have thought that fish are good guards.
5 Many people said that it was impossible.	**52~53쪽 정답**

28

difficult	walk	Earth	hurt	others
feeling	just	amazing	ring	important
understand	role	mudflat	by	hand

1 지구에 접촉해서 걷는 것이 어려운 상태이다.

누가+상태이다   어떤   누가²   누가²

2 다른 사람들의 감정들을 아프게 하는 것이 나쁜 상태이다.

누가 상태이다 어떤   누가²   누가²

3 그 반지를 보는 것이 단지 놀랍게 하는 중인 상태였다.

누가   상태이다 부사   어떤   누가² 누가²

4 갯벌들의 그 역할들을 이해하는 것이 중요한 상태이다.

누가 상태이다   어떤   누가²
누가²   누가²

5 처음에 손에 의해 잘 쓰는 것이 쉬운 상태가 아니다.

누가   상태이다²   어떤   누가²
누가²   누가   누가²

TIP 어떤 행동(한다)에 대한 말인지는 'to+동사'를, 누가 그 행동을 하는지는 'for+ 명사'를 써요.

---

well	at first	nice	relax	in
cafe	hard	impossible	catch	any
fish	best	idea		

---

6 한 카페 안에서 휴식하는 것과 그것들을 읽는 것은 좋은 상태였다.

　<u>　누가　</u> <u>상태이다</u> <u>　어떤　</u> <u>　　누가²　　</u>

in a cafe and <u>　　누가　　</u> <u>　　누가　　</u>

7 네가 우리를 이해한다는 것을 믿는 것이 어려운 상태이다.

　<u>　누가　</u> <u>상태이다</u> <u>　어떤　</u> <u>　　누가²　　</u>

that <u>　누가　</u> <u>　　누가²　　</u> <u>　누가　</u>

8 그가 약간의(/어떤) 물고기들을 잡는 것이 불가능한 상태였다.

　<u>　　　　</u> <u>　　　　　　</u> <u>　　　　</u>
　　　2　　　　　　　　2　　　　　　　2

9 우리가 그 최고의 생각을 고르는 것이 쉬운 상태가 아니었다.

　<u>　　　　　　2　　　　　　</u>
　<u>　　2　　</u> <u>　　2　　</u> <u>　　3　　</u>

1	I'm so worried that I can't sleep at night.	6	He was so excited that he forgot his father's warning.
2	It was so delicious that we all enjoyed it.	7	The shoes were so uncomfortable that she couldn't walk well.
3	The scene is so beautiful that you will never forget it.	8	This flower opens up so that it can get lots of sunlight.
4	I will practice the guitar so that I can play some popular songs.	9	My father made me chicken soup so that I could get well.
5	She took my school bag so that I could walk more comfortably.		

54~55쪽 정답

29

who	which	banana	stretch	exercise
cheering	excitedly	interview	there	knock
window	pea	told	teacher	very

1 내가 한 사람이 상태가 아니다
그 사람은 (몸을) 늘이는 운동들을 좋아한다.

누가+상태이다   어떤²

누가   한다   무엇을²

2 내가 사람들을 안다
그 사람들은 흥분해서 환호하는 중인 상태이다.

누가   한다   무엇을   누가

상태이다   어떤   부사

3 내가 그 사람들을 면담했다
그 사람들이 거기에서 일한다.

누가   한다   무엇을²

누가   한다   부사

4 내가 한 여자를 안다 그 여자가 창문들에 접촉해서 완두콩
들과 함께(/사용해서) 노크하는 중인 상태이디.

누가   한다   무엇을   누가   상태이다

어떤   전치사+명사²   전치사+명사²

5 그가 그 선생님에게 말했다
그 선생님이 아주 엄격한 상태였다.

누가   한다   누구에게²

누가   상태이다   부사+어떤²

TIP 첫문장에서 한 단어(어떤/무엇을)가 두번째 문장에서 who나 which로 반복
되니, 두 문장에서 같은 단어를 찾아 두번째 문장을 영작해 보세요.

strict	other	country	tip	helpful
global	citizen	different	culture	coworker
special	talent			

6 내가 많은 학생들을 안다
그 많은 학생들이 다른 나라들 안에서 산다.

누가 ___ 한다 ___ 무엇을²
누가 ___ 한다 ___ 전치사+명사³

7 내가 약간의 조언들을 안다
그 조언들이 도움이 되는 상태일 수 있다.

누가 ___ 한다 ___ 무엇을²
누가 ___ 상태이다² ___ 어떤

8 세계적인 시민들이 사람들인 상태이다
그 사람들이 다른 문화들을 안다.

___ 2 ___
___ 2 ___

9 그녀가 나에게 그녀의 동료들에 대해서 말했다
그 그녀의 동료들이 특별한 재능들을 가졌다.

___ 3
___ 2

1 It's difficult to walk on Earth.	**6** It was nice to relax in a cafe and (to) read them.
2 It is bad to hurt others' feelings.	**7** It is hard to believe that you can understand us.
3 It was just amazing to see the ring.	
4 It is important to understand the roles of mudflats.	**8** It was impossible for him to catch any fish.
5 It is not easy to write by hand well at first.	**9** It was not easy for us to choose the best idea.

56~57쪽 정답

30

will	which	person	respect	reason
website	look for	five	fact	about
space	from	Korea	cook	for

1 그가 그 사람인 상태였디
그녀가 그 사람을 존경했다.

누가　　상태이다　　　　　어떤²

　무엇을　　누가　　　　한다

2 내가 그 이유를 안다
우리가 그 이유에 대해서 알지 않는다.

누가　　한다　　　무엇을²　　　무엇을

누가　　　한다²　　　전치사+(무엇을)

3 이것이 그 홈페이지인 상태이다
네가 그 홈페이지를 찾는 중인 상태이다.

누가　　상태이다　　　　어떤²

무엇을　　누가 상태이다　　어떤+전치사

4 내가 다섯 개의 사실들을 안다
네기 그 다섯 개의 우주 음식에 대한 사실들을 모른다.

누가　　한다　　무엇을²

무엇을 누가　　한다²　　　전치사+명사³

5 우리가 만든다 그 인형들을
우리가 그 공연 안에서 그 인형들을 사용할 것이다.

누가　　한다　　　무엇을²

무엇을　　누가　　한다²　　　전치사+명사³

TIP 첫 문장에서 한 단어(누가/어떤/무엇을)가 두번째 문장에서 who나 which로 반복되니 두 문장에서 같은 단어를 찾아 두번째 문장을 영작해 보세요.

---

dollar	use	show	anyone	paint
join	another	problem	neck	pain
dress	wore	famous	today	

---

6. 그것이 한국 음식으로부터인 상태였다
   그녀가 우리를 위해 그 한국 음식을 요리하는 중인 상태이다.

   누가 　상태이다 　　어떤³ 　　무엇을
   누가 　상태이다 　　어떤 　　전치사+명사

7. 누구든지 (그 누구가 그림 그리는 것을 좋아한다) 함께 할 수 있다.

   누가 　(　누가 　　한다
   무엇을² 　) 　　한다²

8. 다른 하나의 문제가 (그 문제를 네가 가질 수 있다) 목의 고통인 상태이다.

   2 　(
   2 　) 　　2

9. 그 드레스가 (그녀가 한 영화 안에서 그 드레스를 입었다) 오늘날 유명한 상태이다.

   2
   3

1. I'm not a person who likes stretching exercises.
2. I know people who are cheering excitedly.
3. I interviewed the people who work there.
4. I know a woman who is knocking on windows with peas.
5. He told the teacher who was very strict.
6. I know many students who live in other countries.
7. I know some tips which can be helpful.
8. Global citizens are people who know different cultures.
9. She told me about her coworkers who had special talents.

마이클리시 수준별 책

말하기 · 쓰기

아빠표 영어 구구단
영상 강의 포함

8시간에 끝내는
기초영어 미드천사
<왕초보 패턴>
음성 강의 포함

8시간에 끝내는
기초영어 미드천사
<기초회화 패턴>
음성 강의 포함

유레카 팝송
영어회화 200
영상 강의 포함

8문장으로 끝내는
유럽여행 영어회화
음성 강의 포함

단단 기초
영어공부 혼자하기
영상 강의 포함

6시간에 끝내는
생활영어 회화천사
<5형식/준동사>
음성 강의 포함

6시간에 끝내는
생활영어 회화천사
<전치사/접속사/
조동사/의문문>
음성 강의 포함

읽기

TOP10 영어공부
음성 강의 포함

2시간에 끝내는
한글영어 발음천사
영상 강의 포함
음성 강의 포함

2024년
출간예정

원서 시리즈2

중학영어 독해비급
영상 강의 포함

챗GPT 영어명언
필사 200

스스로 끝까지 볼 수 있는 **기존에 없던 최고의 책**만을 만듭니다.
수준에 맞는 책을 선택하시면 절대 후회하지 않으실 것입니다.
자세한 책 소개는 <영어 공부법 MBTI (1000원)>를 참고하세요.

중급 중학생 ~ 고등학생 수준

고급 대학생 ~ 영어 전공자 수준

4시간에 끝내는
영화영작
<기본패턴>

4시간에 끝내는
영화영작
<응용패턴>

4시간에 끝내는
영화영작
<완성패턴>

모든 책에 책의 본문 전체를 읽어주는
'원어민MP3'를 담았기에,
말하기/듣기 훈련이 가능합니다.
대부분의 책에 '무료 음성 강의'나
'무료 영상 강의'를 포함하기에,
혼자서도 익힐 수 있습니다.
한 번에 여러 권을 사지 마시고,
한 권을 반복해서 2번~5번 익힌 뒤에,
다음 책을 사는 것을 추천합니다.

영어명언
만년 다이어리

이상한 나라의 앨리스
영화 영어공부
공부법 영상 강의 포함

30분에 끝내는
영어 필기체

TOP10 연설문
음성강의 포함

2024년
출간예정

원서 시리즈1

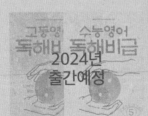

2024년
출간예정

고등영어
독해비급

수능영어
독해비급

잠언 영어성경

2025년
출간예정

토익파트7
독해비급

TOP10
영한대역 단편소설

<중학영어 영작비급>이 어렵다면
<단단 기초 영어공부 혼자하기>를 추천합니다.

(저는) 과거에 영어강사를 했었고, 초등 저학년부터 성인까지 두루 영어를 가르친 경험이 있습니다. 서점에는 책들이 엄청 넘쳐나는데 성인기초학습 자에게 괜찮은 책이 마땅치 않다는 것이었습니다. 정말 이런 게 필요했거든 요. 여러 수업을 책 한 권에 녹여놓았다 해도 과언이 아니네요. -growi**

<중학영어 영직비급>이 조금 쉽다면
<6시간에 끝내는 생활영어 회화천사>를 추천,

많은 회화책들을 읽어봤지만 내게 도움이 되는 책은 별로 본 적 없었다. 이 책은 처음으로 내게 영어가 말로써 느껴졌다. 문법을 적용 시켜서 말로 어 떻게 쓰이는지 너무나 쉽게 풀어 써주니 영어로 말할때 뭐부터 내뱉을지 잘 모르겠던 내가 작은 문장이지만 말이 나오기 시작했다. - ho**

<중학영어 영작비급>이 많이 쉽다면
<4시간에 끝내는 영화영작>을 추천합니다.

정말 4시간에 끝내는 영작 한 권 막 끝냈을 때 말이 보다 편하게 나온다는 걸 직접 느꼈습니다. 반복학습을 통해 꾸준히 연습해보랍니다... 영어 교재 혹해서 엄청 많이 구매했었습니다. 하지만 끝까지 완독한 경우는 이번이 처 음입니다. 재밌게 읽다 보니 다 읽었고 아쉬움이 남기 까지 한 건 뭐죠?? ㅎ ㅎ ㅎ 감사하고 감사합니다. - nailddu**

2024년 말에 <중학영어 독해비급/영작비급>
이후에 익히는 책인 <고등영어 독해비급>과
<새로운 영작 책 (제목 미정)> 이 출간됩니다.

1 He was the person who she respected.

2 I know the reason that we don't know about.

3 This is the website that you are looking for.

4 I know five facts which you don't know about space food.

5 We make the dolls which we will use in the show.

6 It was from Korean food that she was cooking for us.

7 Anyone who likes to paint can join.

8 Another problem which you can have is neck pain.

9 The dress which she wore in a movie is famous today.